Sebastian Bach Mills

**Tarantelle**

Sebastian Bach Mills

**Tarantelle**

ISBN/EAN: 9783337873943

Printed in Europe, USA, Canada, Australia, Japan

Cover: Foto ©Thomas Meinert / pixelio.de

More available books at **www.hansebooks.com**

Hommage très-respectueux

Á Sa Majesté la Reine Elisabeth de Roumanie

# SOUVENIRS D'ITALIE

Suite de morceaux pour PIANO

Nº 1.
Barcarola.
Venezia.
Nº 2.
lie Lucciole. Scherzo.
Como.
Nº 3.
Canzonetta Toscana, all'antica.
Firenze.
Nº 4.
Mandolinata.
Napoli.
Nº 5.
Tarantella.
Napoli.
Nº 6.
Siciliana.

par

## THÉODORE LESCHETIZKY.

Op. 39.

| Nº 1. Pr. Mk 3,00. | Nº 2. Pr. Mk 2,00. | Nº 3. Pr. Mk 2,00. |
| Nº 4. Pr. Mk 2,00. | Nº 5. Pr. Mk 3,00. | Nº 6. Pr. Mk 2,00. |

Propriété des Éditeurs pour tous pays.
Tous droits d'Exécution et de Reproduction réservés.

ED. BOTE & G. BOCK, BERLIN.

Editeurs de Musique

de S. M. l'Empereur et Roi, de S. M. l'Impératrice Frédéric et de S. A. R. le Prince Albrecht de Prusse

# TARANTELLA.

## Napoli.

Théodore Leschetizky, Op. 39 N⁰ 5.

Propriété des Editeurs pour tous pays

Stich und Druck der Röder'schen Officin in Leipzig.
13126

Ed. Bote & G. Bock, Berlin.

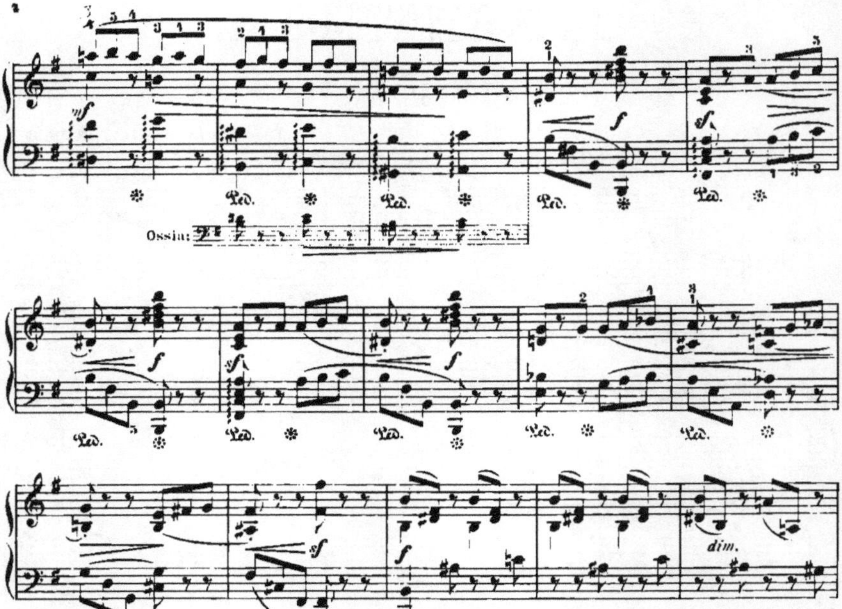
mf
Ped.
f
sf
Ossia:
dim.
p
Ossia.

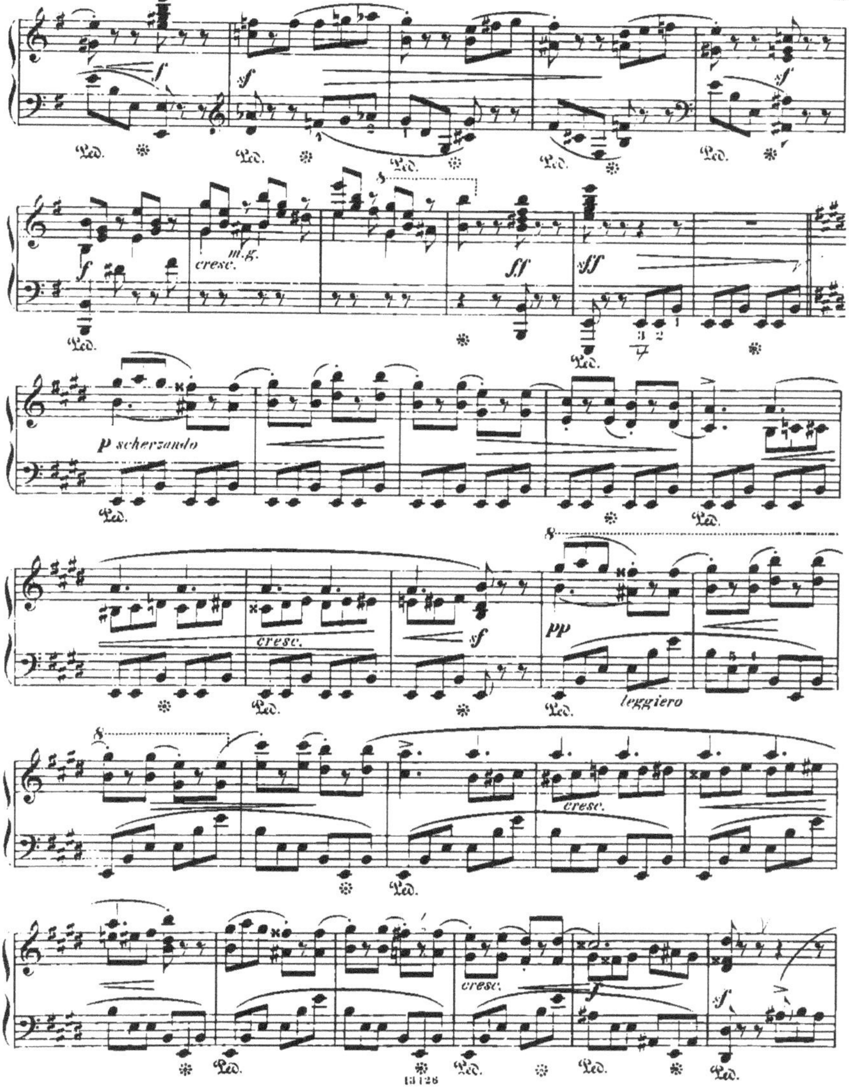
sf
Ped.
m.g.
cresc.
ff
p scherzando
pp
leggiero

sempre f
sf
dim.
p
mf
Ped.
Tamburino.
ff quasi tremolo
leggiero
ff

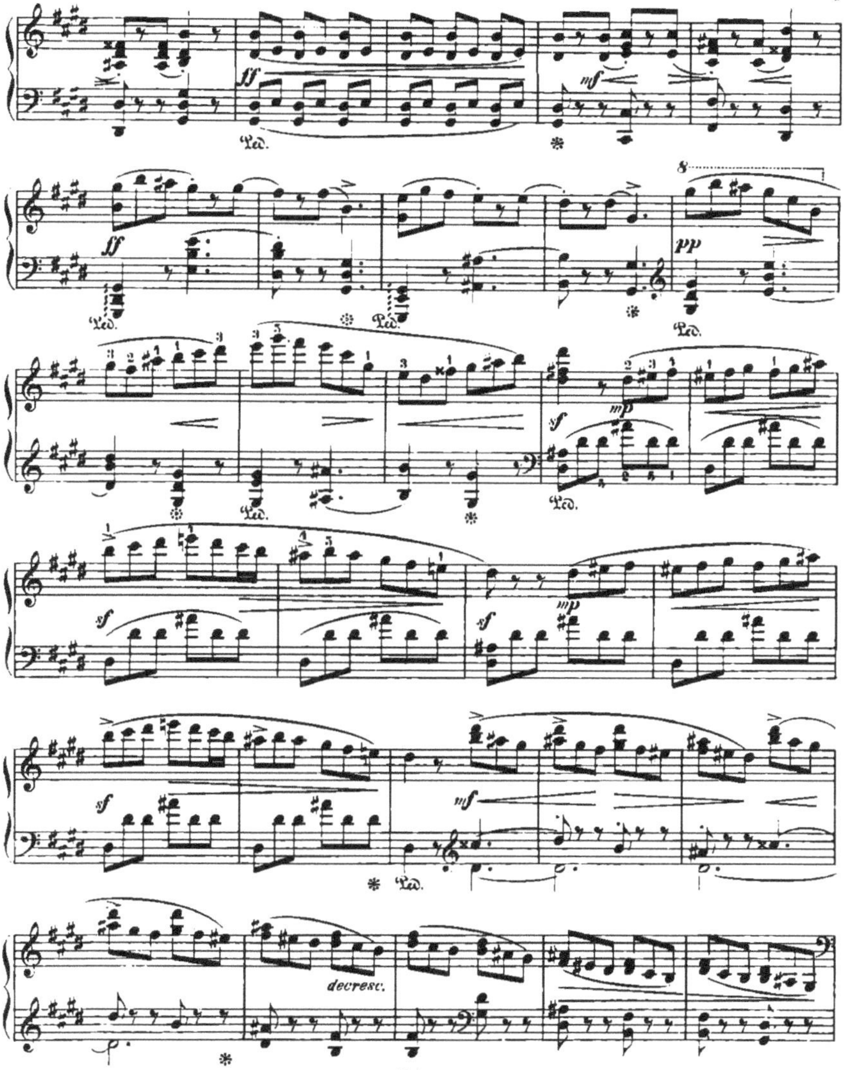
decresc.

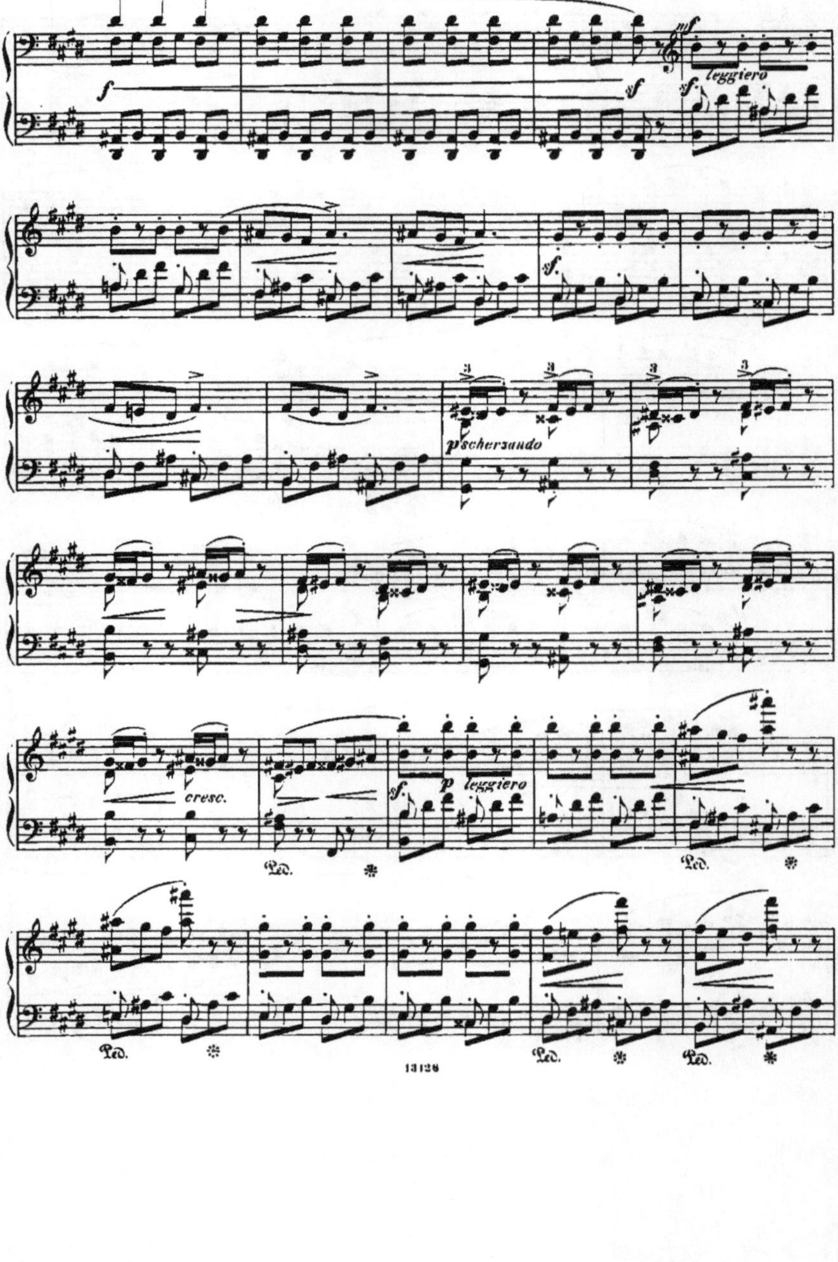
mf
leggiero
f
sf
p scherzando
cresc.
p leggiero
Ped.

p
molto cresc.
Ped.
ff con brio
Ped.
f
poco a poco decresc.
Ped.
molto dim. e poco rall.
a tempo
p

**Andante.** M. M. ♩ = 72.

Campane

dim.

rall. p

cantando

Ma-

dim. e molto rall. pp

**Più vivo.** M.M. ♩ = 108.

*molto espressivo e legato*

p Coro religioso

rall.

p
dim.
pp
in 8
Ped.
pp
dim. e molto rall.
Lento.
p
dim. e molto rit. pp
Tempo I.
pp
3 2 1
leggiero
p

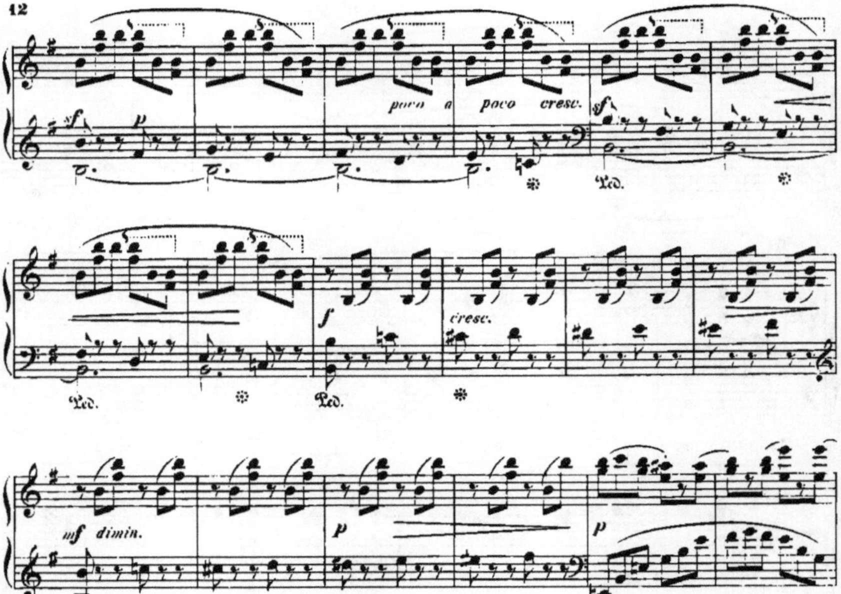
sf
p
poco a poco cresc.
sf
Ped.
f
cresc.
Ped.
mf dimin.
Ped.
p
p
sf

cresc.
f con brio
cresc. e accel.
cresc.
ff
più vivo
non legato
sf>p
cresc.
sf
f>p
sf>p
f
m.d.
m.g.

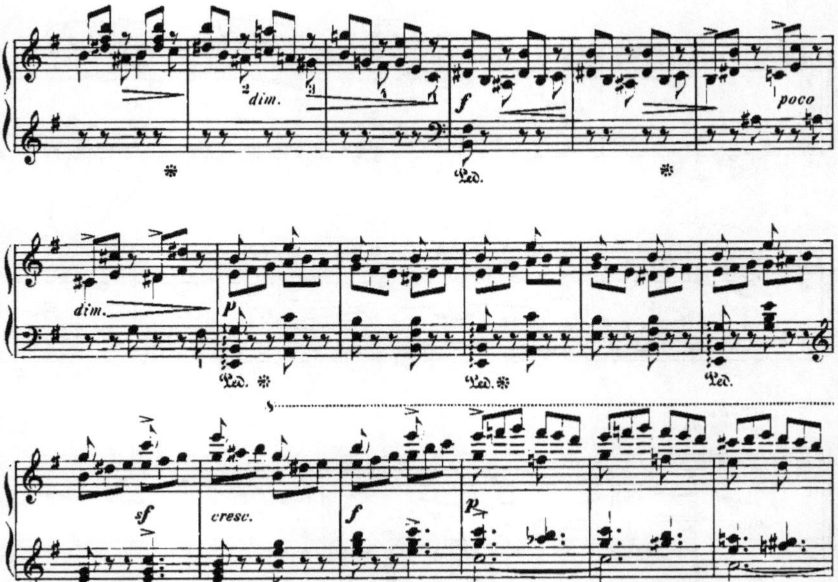
dim.
poco
f
Ped.
dim.
p
sf
cresc.
cresc.
sff

ff
sf
mf
f
Ped.
cresc.
e
accel.
fff
con molto brio
Ossia
quasi tremolo
8
fff

9 783337 873943